VENTE

Du Lundi 26 Décembre 1904

HÔTEL DROUOT, SALLE N° 11

à deux heures

EXPOSITION PUBLIQUE

Le 25 Décembre 1904 (Jour de Noël)

de 2 heures à 5 h. 1/2

Objets d'Art et d'Ameublement

MEUBLES ANCIENS ET DE STYLE

BRONZES — SCULPTURES — TABLEAUX

PORCELAINES, FAIENCES, ARMES

TENTURES, TAPIS D'ORIENT

COMMISSAIRE-PRISEUR

Mᵉ LAIR-DUBREUIL

6, rue de Hanovre

EXPERT

M. R. DUPLAN

10, rue Rossini

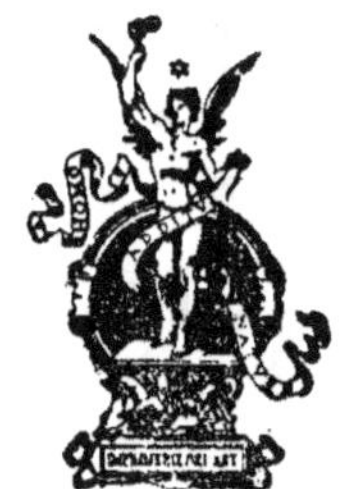

CATALOGUE

DES

OBJETS D'ART

ET

D'AMEUBLEMENT

Meubles Anciens et de Style

DES XVII° ET XVIII° SIÈCLES

BRONZES, MARBRES, BOIS SCULPTÉS

PORCELAINES, FAIENCES, ARMES

OBJETS DIVERS

Tentures, Tapis d'Orient

DONT LA VENTE AURA LIEU

HOTEL DROUOT, SALLE N° 11

LE LUNDI 26 DÉCEMBRE 1904

à deux heures

COMMISSAIRE-PRISEUR	EXPERT
M° LAIR-DUBREUIL	**M. R. DUPLAN**
6, rue de Hanovre	10, rue Rossini

Chez lesquels se distribue le présent Catalogue

EXPOSITION PUBLIQUE

Le Dimanche 25 Décembre 1904, de 2 h. à 5 h. 1/2

CONDITIONS DE LA VENTE

Elle sera faite au comptant.

Les acquéreurs paieront *dix pour cent* en sus des prix d'adjudication.

Paris. — Imp. de l'Art, E. Moreau et Cie, 41, rue de la Victoire.

DÉSIGNATION

MEUBLES

ANCIENS ET DE STYLE

1 — Grand meuble en bois noir sculpté et guilloché, ouvrant à deux vantaux et orné de trois colonnettes à chapiteaux supportant l'entablement ; il pose sur une table-console à quatre pieds reliés par une entrejambe. Epoque Louis XIII. Sur socle en velours rouge, clouté de cuivre.

2 — Commode, forme demi-lune, en bois de placage, ornée de bronzes, dessus de marbre. Epoque Louis XVI.

3 — Armoire en chêne sculpté, ouvrant à deux portes pleines, décorées de médaillons à ornements et coquilles. Epoque Louis XIV.

4 — Bahut en chêne, ouvrant à quatre portes
sculptées à écussons et rinceaux, séparées
par deux tiroirs. Epoque Louis XIV.

5 — Vitrine en palissandre, ornée de bronzes.

6 — Meuble de salon en noyer sculpté et ciré,
de style Louis XVI, couvert en velours,
ciselé.

7 — Glace d'époque Régence, cadre en bois
sculpté, parties en glace ; fronton à écusson
et fleurs.

8 — Glace-trumeau en bois peint blanc, d'époque
Louis XVI, à ornements et guirlandes de
fleurs appliqués, en bois sculpté et doré.

9 — Panneau légèrement cintré en bois peint
blanc et sculpté, à rinceaux, guirlandes de
fleurs et attributs divers. Style Louis XVI.
Au centre, un médaillon renfermant une
peinture de l'école française du xviiie siècle :
Les Nouvelles de l'absent.

10 — Table de salon en noyer sculpté et ciré,
de style Louis XVI, pieds cannelés à entre-
jambes.

11 — Console analogue, à dessus de marbre.

12 — Petite commode Louis XVI, formant table à ouvrage, en noyer et bois de placage, garnie de deux tiroirs, intérieur gaîné de peluche bleue.

13 — Glace d'époque Louis XV, cadre en bo is sculpté et doré, fronton à écusson, fleurs et feuillage.

14 — Grande glace d'époque Louis XIV, cadr e partie en glace, partie en bois sculpté et doré, fronton à mascaron au milieu de rinceaux.

15 — Glace longue en bois sculpté et doré, d'époque Louis XVI, fronton à vase fleuri.

16 — Coffre en bois sculpté. xviie siècle.

17 — Pendule religieuse en bois de placage, ornée de bronzes ciselés. Epoque Louis XIII.

18 — Huche sur socle en bois de noyer sculpté. xviie siècle.

19 — Petit paravent, à trois feuilles, à double face, en cuir doré et peint, à rinceaux, fleurs et perroquet.

20 — Petit paravent, semblable au précédent.

21 — Table à thé en noyer ciré.

22 — Psyché en acajou, ornée de bronzes dorés.
Epoque Premier Empire.

23 — Lit en noyer sculpté, de tyle Louis XVI,
garni de cretonne à fleurs avec ciel de lit,
et rideaux de lit.

24 — Lit en noyer sculpté, de style Louis XVI,
garni en cretonne à fleurs avec ciel de lit et
galerie de fenêtre en noyer, rideaux de lit et
deux rideaux de fenêtre en cretonne à fleurs.

25 — Commode, de style Louis XV, en palissandre, ornée de bronzes dorés, dessus en
marquerie.

26 — Table à étagère en bois noir et filets dorés,
garnie de bronzes dorés.

27 — Table en noyer sculpté, de style Henri II.

28 — Grand lit à colonnes en chêne sculpté, de
style Louis XIII.

29 — Support sur quatre pieds en noyer gravé,
garni d'étoffe.

30 — Casier à musique en bois noir.

31 — Petite armoire, ouvrant à une porte, en bois
sculpté.

32 — Coffre en bois sculpté, offrant sur le devant
des attributs de chasse.

33 — Deux fauteuils et quatre chaises en noyer
sculpté et ciré, de style Louis XVI, couverts
en satin broché, à bouquets, guirlandes de
fleurs et festons.

34 — Canapé et deux fauteuils en bois laqué
blanc, à filets verts couverts en soie brochée
de fleurs à raies vertes et grises. Style
Louis XVI.

35 — Quatre fauteuils en bois doré, de style
Louis XIV, couverts en ancienne soierie brochée cerise.

36 — Quatre chaises, de même style, couvertes
en même étoffe.

37 — Six chaises en noyer sculpté, de style
Louis XV, sièges cannés, avec coussins en
velours rouge.

38 — Deux tabourets-supports en bois de fer
sculpté, à dessus de marbre.

39 — Fauteuil garni de peluche rouge et de
damas de soie de même couleur.

40 — Quatre chaises en chêne sculpté, garnies
de cuir. Style Louis XIII.

41 — Deux fauteuils, l'un d'époque Louis XVI,
l'autre de style, couverts en cretonne à fleurs.

42 — Fauteuil garni en même étoffe.

43 — Quatre chaises légères en noyer sculpté,
couvertes en peluche crème.

44 — Deux fauteuils, couverts en damas de soie
rouge.

BRONZES

FERS, CUIVRES

43 — Pendule Louis XVI, à figures de jeune
femme et d'amour, en bronze doré, sur socle
en marbre blanc orné de guirlandes de fleurs
et de feuillages en bronze ciselé et doré.

46 — Deux flambeaux en marbre blanc et bronze doré.

47 — Flambeau de bouillotte, à deux lumières, en bronze ciselé et doré. Style Louis XVI.

48 — Pendule plate de voyage en bronze ciselé et doré, à vase de fleurs et feuillages. Epoque Premier Empire.

49 — Galerie de foyer en bronze et bronze doré, à cariatides, chimères et ornements. Epoque Premier Empire.

5o — Galerie de foyer en bronze et bronze doré, à griffes.

51 — Paire de chenets, à figures de sphinx, en bronze. Epoque Premier Empire.

52 — Lustre en bronze ciselé et doré, de style Louis XVI, à douze lumières électriques. Modèle à carquois, têtes de coqs et rinceaux.

53 — Quatre appliques, à trois lumières, en bronze ciselé et doré, de style Louis XVI.

54 — Paire d'appliques, à trois lumières, en bronze doré. Style Louis XV.

55 — Paire de statuettes en bronze ; grenadiers
du Premier Empire; socles en marbre rouge.

56 — Ancien mouvement d'horloge en fer, ca-
dran en étain.

57 — Jardinière en cuivre repoussé, à godrons,
sur support trépieds en fer forgé.

58 — Deux plateaux de bassinoire en cuivre
gravé et ajouré.

59 — Paire de flambeaux en cuivre Louis XIII.

60 — Support trépieds, en fer forgé et découpé.

61 — Deux serrures anciennes en fer.

62 — Six pièces : flambeaux, chûtes et appliques
de meuble en bronze.

63 — Cadre ovale en bronze, modèle à oves et
perlé.

64 — Porte-montre à figure d'enfant, supportant
un cartel en bronze doré.

65 — Statuette d'amour en bronze, sur socle en
bronze doré.

66 — Paire d'éperons en cuivre ciselé.

67 — Deux petites appliques en fer découpé.

68 — Pot à anse et couvercle en cuivre.

69 — Bassin en cuivre jaune repoussé et gravé.

70 — Cariatide de femme en bronze.

71 — Paire de flambeaux en bronze doré.

SCULPTURES

72 — Statuette en marbre blanc : l'*Ondine*. Signé : LINDRE.

73 — Buste de femme Louis XV en marbre blanc.

74 — Petite jardinière oblongue en marbre jaune de Sienne, ornée de cariatides de femmes, en bronze doré.

75 — Deux grands montants en bois sculpté, relevé de dorures, offrant en haut relief des cariatides d'anges musiciens; frontons à consoles. XVIIe siècle.

76 — Deux statuettes : Vierge et saint, en bois sculpté et peint.

77 — Statue en bois doré, sur fût de colonne cannelée, en noyer, à base dorée. Travail espagnol.

78 — Groupe-applique en bois sculpté : le Père Éternel.

79 — Lot d'ornements en bois sculpté.

80 — Deux statuettes d'Italien et d'Italienne en bois sculpté et peint, revêtus de leur costume.

81 — Statuette habillée en bois sculpté et peint.

TABLEAUX, GRAVURES

82 — Brard. Nature morte.

83 — Desomme. Deux petites Études.

84 — École Française. Village dans un site montagneux.

84 bis — École Française. Psyché et l'Amour. Pastel.

85. — Palizzi. Le Bûcheron.

86 — Ribot (Germaine). Fleurs dans un vase.

87 — Rubens (Attribué à). Sainte Véronique.

88 — Vernet (Attribué à H.). Officier défendant une pièce de canon. Étude.

89 — Quatre gravures anciennes, d'après Lépicié, Aubry, etc.

90 — Gravure : Portrait de femme. Commencement du XIXᵉ siècle.

PORCELAINES, FAIENCES

91 — Groupe de Lutteurs sur socle en biscuit, par Thorswalden.

92 — Pot à couvercle en grès cérame, monture en étain.

93 — Environ cent assiettes en porcelaine blanche de Sèvres.

94 — Coupe en jade vert, forme feuille.

95 — Écritoire en porcelaine de Saxe, fond bleu
à réserves de fleurs.

96 — Coupe en porcelaine de Chine; famille
rose, monture en bronze.

97 — Tasse et soucoupe en porcelaine de Paris
(Nast), fond noir à décor or.

98 — Beurrier et moutardier en Wedgwood.

99 — Tasse et soucoupe en porcelaine de Paris,
décor fond jaune.

100 — Peinture sur porcelaine : Italienne.

101 — Deux petits vases en Chine et en Sat-
zuma ; deux têtes de moines en céramique.

102 — Bannette en faïence, à décor de Rouen,
en polychrome.

103 — Jardinière porte-bouquets en faïence
blanche, à décor d'amour, en camaïeu rose.

104 à 107 — Trente pièces environ : saladier,
soupières, plats et assiettes en faïences de
Moustiers, Marseille, Sinceny et autres. (Sera
divisé.)

108 — Paire de vases en terre décorée. Style
Pompéien.

ARMES

109 — Panoplie d'armes orientales, composée
de : un casque, deux brassards, une épée,
trois sabres, deux couteaux de chasse et un
mors espagnol. (Pourra être divisé.)

110 — Casque de joute, avec colletin en fer.

111 — Epée de dignitaire de la franc-maçon-
nerie.

112 — Petit fusil à piston et pistolet à pierre.

113 — Sabre japonais à lame courbe.

114 — Cinq pistolets anciens.

115 à 118 — Vingt-trois pièces, armes diverses.
(Sera divisé.)

OBJETS DIVERS

119 — Devant d'autel en cuir peint, offrant au
centre un médaillon représentant la Sainte
Famille au milieu de fleurs, dans un enca-
drement à volutes et rinceaux xviiie siècle,
appliqué sur contrefonds en cuir doré mo-
derne.

120 — Diptyque en ivoire sculpté, présentant
en relief Charles IX et Elisabeth d'Autriche.

121 — Quatre mappemondes célestes et ter-
restres.

122 — Cinq petits médaillons en mosaïque :
monuments de Rome. Cadre en bois noir.

123 — Classeur en ivoire sculpté à jour. Travail
chinois.

124 — Coffret ancien, garni en cuir, petite lan-
terne en cuivre xviiie siècle et longue-vue en
cuir décoré.

125 — Deux écrans à main, un petit calendrier
perpétuel en couleur et une pièce en couleur :
Dames de la Halle et de la Chaussée-d'Antin.

126 — Trois bouteilles ou flacon en verre de Venise.

127 — Narghilé en verre taillé et émaillé.

TENTURES, TAPIS D'ORIENT

128 — Paire de portières en soie de Chine, richement brodée de fleurs et d'oiseaux, sur fond crème.

129 — Quatre portières en damas, fond rouge, à dessin jaune, avec bandeaux et encadrements de velours bleu galonné jaune.

130 — Huit rideaux en damas de soie vert.

131 — Lot de bordures en ancienne tapisserie.

132 — Trois portières en toile imprimée de Perse.

133 — Petit tapis en ancien velouté d'Orient, à rayures sur fond jaune.

134 — Quatre coussins, un dessus de piano et six petits tapis de table en application de Cachemire sur satin brun. (Pourra être divisé.)

135 — Tapis de Coula, fond rouge, bordure bleu clair. $1^m90 \times 1^m20$.

136 — Tapis de table de Djidjin. $2^m15 \times 1^m48$.

137 — Tapis de prière, fond rouge, bordure jaune. $1^m56 \times 1^m26$.

138 — Tapis oriental. $2^m12 \times 0^m93$.

136 — Tapis de Kiva, fond mauve. $1^m50 \times 1^m20$.

140 — Carpette d'Orient, fond rouge, à bordure crème. $1^m65 \times 1^m34$.

141 — Carpette d'Orient, fond crème, à bordure rouge. $1^m55 \times 0^m95$.

142 — Carpette d'Orient, dessin par bandes en polychrome. $1^m57 \times 0^m90$.

143 — Carpette d'Orient, à médaillon, fond rouge, bordure noire. $2^m45 \times 1^m50$.

144 — Carpette d'Orient, fond noir, bordure crème. $1^m78 \times 1^m05$.

145 — Tapis de Kiva, fond vieux rouge. $1^m30 \times 0^m88$.

146 — Tapis de prière, bordure blanche,
$1^m62 \times 1^m$.

148 — Carpette de Chirvan, fond bleu, à bordure blanche. $1^m62 \times 1^m$.

149 — Objets omis.